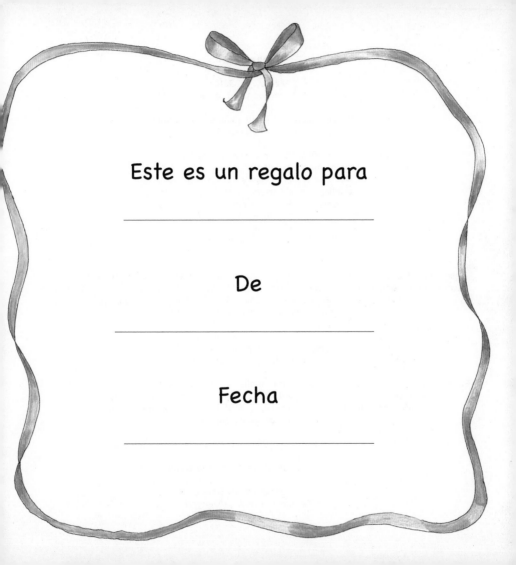

Este es un regalo para

_____

De

_____

Fecha

_____

Publicado por
Unilit
Medley, FL 33166
Derechos reservados

© 2015 Editorial Unilit (Spanish translation)
Primera edición 2015

© 2005 por Christian Art Kids
Originalmente publicado en inglés con el título:
Prayers for Little Girls por Carolyn Larsen.
Publicado por Christian Art Kids, un sello de
Christian Art Publishers, PO Box 1599,
Vereeniging, 1930, RSA
359 Longview Drive,
Bloomingdale, IL, 60108, USA
Todos los derechos reservados.

Traducción: *Nancy Pineda*
Diseño de la cubierta: *Christian Art Kids*
Ilustraciones: *Caron Turk*

El texto bíblico ha sido tomado de la Santa Biblia, Nueva Traducción Viviente, © Tyndale House
Foundation, 2008, 2009, 2010. Usado con permiso de Tyndale House Publishers, Inc.,
351 Executive Dr., Carol Stream, IL 60188, Estados Unidos de América.
Todos los derechos reservados.

Producto 493833 • ISBN 0-7899-2251-7 • ISBN 978-0-7899-2251-9

Impreso en China/*Printed in China*

Categoría: Niños/General
Category: Children/General

Oraciones
para Niñas

Carolyn
Larsen

Ilustraciones de Caron Turk

Unilit

Alaba a Dios

6

Querido Dios:

¡Debe haber sido divertido hacer todo lo que hay en el mundo! ¿Cómo se te ocurrió hacer las mariposas y las estrellas de mar? Mis cosas favoritas de lo que hiciste son las flores: rojas, amarillas y moradas. Las flores huelen bien. Son bonitas. Me alegro de que pensaras en las flores y las mariposas y... ¡todo!

Amén

Querido Dios:

¡Tú me amas! Lo sé porque la Biblia me lo dice así. Tu amor por mí es más profundo que el mar, más alto que las estrellas... ¡más que cualquier cosa! Lo que me hace sentir muy especial es saber que me amas mucho. ¡Yo te amo también!

Amén

Querido Padre:

Algunas veces no me porto muy bien.
Incluso, a veces soy un poco mala.
Entonces, cuando te digo que lo siento,
tú siempre me perdonas. ¡Gracias por
perdonarme y darme siempre otra
oportunidad!

Amén

«Yo sé los planes que tengo para ustedes —dice el Señor—. Son planes para lo bueno y no para lo malo, para darles un futuro y una esperanza».

Jeremías 29:11

BIBLIA

Querido Dios:

Nada te sorprende jamás porque tú sabes todo lo que va a suceder. Yo nunca podría tener una fiesta sorpresa para ti. Eso está bien, aunque, debido a que ya lo sabes todo, no me preocupo de que pase algo de lo que tú no puedas ocuparte. ¡Eso me gusta mucho!

Amén

Querido Dios:

Anoche hubo una tormenta. El viento hacía que los árboles se doblaran hasta no poder más. Llovía tan fuerte que no podíamos ver la calle. Los truenos resonaban y los relámpagos centelleaban. ¡Tuve un poco de miedo hasta que mi mamá dijo que la tormenta solo nos mostraba un poco de tu poder! ¡Asombroso!

Amén

Querido Padre:

Me encanta saber que puedo hablar contigo en cualquier momento que desee. Tú estás conmigo aquí en la casa, cuando voy a la casa de abuela y cuando vamos de vacaciones. ¡Tú estás en todas partes! Me gusta eso.

Amén

Querido Dios:

¿Sabes qué? ¡Te amo! Te amo por hacer el mundo y por hacer los perritos y gatitos. Te amo por darme mi familia y mis amigos. Sobre todo, ¡te amo por solo ser tú!

Amén

¡Tú puedes ayudarme a ser valiente!

Querido Dios:

A veces tengo miedo de las cosas.
Como cuando empecé el preescolar o
cuando fuimos a una nueva iglesia.
Sé que puedo pedirte que me ayudes
a ser valiente... ¡y tú lo harás!
Eso me gusta.

Amén

21

Querido Dios:

Me preguntaba... ¿alguna vez te has cansado de escuchar mis oraciones? ¿Alguna vez te has cansado de cuidar a toda la gente de la tierra? Sé que nunca te cansas porque tú nos amas a todos nosotros.

Gracias por siempre prestarme atención y por cuidarme a cada momento. Eso me hace sentir segura.

Amén

Querido Padre:

¡Qué alegría! Me siento muy feliz hoy.
¿Sabes por qué? ¡Solo por ti!

Cuando veo los grandes árboles altos,
pienso en ti.

Cuando veo las pequeñitas flores rojas,
pienso en ti.

¡Las aves que vuelan por el cielo y los
gusanos que se arrastran por el suelo
me recuerdan a ti!

¡Gracias por todo lo que hiciste!

Amén

Querido Dios:

Si bajara arrastrándome dentro de la cueva más profunda, ¿podrías seguir viéndome?

Si me escondiera en el más profundo y oscuro bosque, ¿sabrías dónde estaría?

¡Claro que sí!

Tú puedes verme siempre.

¡Me alegro!

Amén

28

Querido Dios:

Tú debes querer que yo sepa todo acerca de ti porque me diste la Biblia. Me gustan todas las historias acerca de las personas que te seguían y cómo las cuidabas.

Mi historia favorita es la de David y Goliat.

Gracias por la Biblia.

Amén

Querido Padre:

Tú me amas hoy y tú me amarás mañana.

Tú me cuidas hoy y tú cuidarás de mí mañana y el día después de ese y el día después de ese.

Tú nunca te cansarás de amarme.

Gracias por ser siempre el mismo.

Amén

Querido Dios:

Tú hiciste las montañas y los mares. Tú creaste las mariposas y los pinos.

Tú hiciste los arcoíris, los relámpagos y los caballitos de mar.

¡Tú eres maravilloso!

¡La cosa más asombrosa es que tú nunca estás demasiado ocupado para pensar en mí!

Amén

Querido Dios:

¿Sabes lo que se me acaba de ocurrir? Estoy hablando contigo ahora y justo al otro lado del mundo, en algún lugar como Australia, otra niña podría estar hablando contigo en este momento también. Tú puedes escucharnos a las dos y cuidarnos a las dos. Eso hace que sienta cariño y afecto por esa niña en Australia. ¡Buenísimo!!

Amén

Dale Gracias a Dios

Querido Dios:

Gracias por pensar en las familias.
Sé que mi familia me ama... aun
cuando pelee con mis hermanos
y hermanas o desobedezca a mis
padres.
Ellos me aman sea como sea.
¡Yo también los amo a ellos!
Gracias por darme la familia perfecta.

Amén

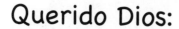

Querido Dios:

Los arcoíris son una de mis cosas
favoritas. El arcoíris parece alegrar el
cielo después de una gran tormenta.
Gracias por pensar en hacer los
bonitos colores que se extienden por el
cielo. Los arcoíris me recuerdan que tú
me amas y cuidas de mí.
¡Me encantan los arcoíris!

Amén

42

Querido Dios:

¡Tengo la mejor abuela de todo el mundo! Me hace galletitas y me impulsa en el columpio. Ella me cuenta historias acerca de mi mamá cuando era niña.

Gracias por mi abuela.

¡La amo!

Amén

Querido Dios:

Gracias por mis amigas. Tener amigas
hace que todo sea más divertido.
Jugamos, reímos y cantamos.
Algunas veces hacemos una actuación
para nuestras mamás y
nuestros papás.
Las amigas son divertidas.

Amén

María y José
gracias a Di
bebé
Jes
El
en el
pesebre

Querido Dios:

Mi papi me lee historias de tu libro
cada noche antes de ir a dormir.
Mi historia favorita trata acerca del
nacimiento del bebé Jesús.
Tú debes amarnos muchísimo
por enviarnos a tu Hijo
a la tierra.
Yo te amo también.
Gracias por enviar a Jesús.

Amén

Querido Padre:

¡Estoy muy contenta! ¡Nos vamos de vacaciones! ¡Toda nuestra familia! ¡Por una semana entera! Gracias que mami y papi no tienen que trabajar. ¡Gracias porque podemos estar juntos y salir a pasear, jugar y divertirnos!

Amén

Querido Dios:

¡Es primavera! Los árboles tienen hojas pequeñitas y las flores brotan del suelo. Vi un petirrojo en el patio y gusanos arrastrándose por la hierba. ¡Me encanta la primavera!

Gracias por pensar en ella.

Amén

Querido Dios:

Estoy un poco triste en este momento.
Estaba pensando en Jesús muriendo
en la cruz. Me da tristeza que le
sucediera a Él cuando amaba tanto
a la gente.

Gracias por amarnos y por enviarnos
a Jesús.

¡Tú debes amarme muchísimo!

Amén

Querido Dios:

¡Yo amo muchísimo a mi mamá!
Ella juega conmigo y lee para mí.
Ella canta canciones tontas y me hace
reír. Ella me cuida cuando no me siento
bien. Algunas veces hacemos una
tienda de campaña con sábanas y nos
sentamos dentro y comemos galletitas
con trocitos de chocolate y malvaviscos.
¡Mi mamá es genial!
Gracias por mi mamá.

Amén

56

Querido Dios:

¡ES MI CUMPLEAÑOS! Lo he esperado y esperado. ¡Tardó mucho tiempo en llegar este día! Hoy voy a tener una fiesta y todas mis amigas estarán aquí. Jugaremos, tendremos pastel y helado... ¡y regalos!

¡Gracias por los cumpleaños!

Amén

Querido Dios:

¿Sabes qué? Mi papi me compró un perrito. Es blanco y marrón, y muy suavecito. Se llama Amigo. Me da besos y juega al tira y afloja con una cuerda. Yo amo a Amigo.

Creo que él va a ser mi mejor compañero.

Gracias por mi perrito.

Amén

Yo ♥ a Jesús

Nacimiento de Jesús
Lucas 2:1-20

«Ama al SEÑOR tu Dios con todo tu corazón, con toda tu alma y con todas tus fuerzas».

Deuteronomio 6:5

Gracias, Jesús...

Querido Dios:

Gracias por mi maestra de Escuela Dominical. Ella nos enseña lecciones acerca de ti.

Nosotros hacemos cosas divertidas en la Escuela Dominical y aprendemos versículos de la Biblia. También oramos por las personas.

Creo que mi maestra de la Escuela Dominical debe parecerse mucho a ti.

Amén

Querido Dios:

Lo siento... otra vez

Yo intento no ser tan dura con mi hermano, pero a veces lo soy de todas maneras.

Me gustaría mucho ser mejor.

Gracias por perdonarme una y otra y otra vez.

Me alegro de que lo hagas.

Amén

64

Querido Dios:

Gracias por mi mamá y mi papá. Ellos
trabajan muy duro para cuidar de mí.
Ellos tienen trabajos para ganar
dinero, limpian la casa, cocinan la
comida y lavan la ropa. Yo amo de
verdad a mi mamá y mi papá.

Amén

Querido Dios:

Gracias por las mariposas, las mariquitas, los gusanos peludos y los insectos gordinflones.

Gracias por los azulejos, los gansos, los colibríes, los caballitos de mar, los delfines y las ballenas.

Se te ocurrieron muchísimas cosas para que viéramos nosotros.

¡Gracias por pensar en todos ellos!

Amén

Di Que Lo Sientes

Querido Dios:

Mi amiga y yo estábamos jugando un juego y yo me enojé mucho con ella. Le grité y le arrojé las piezas del juego.

Ahora lo siento. En realidad, ella me cae bien y quiero que seamos amigas de nuevo. Ayúdame a ser lo bastante valiente para decirle que lo siento. Gracias.

Amén

Querido Padre:

Algunas veces no me gusta ir a la iglesia. Yo quiero aprender acerca de ti, pero a veces solo quiero jugar con mis amigas en lugar de escuchar, orar y cantar.

Siento mucho cuando estoy de mal humor por ir a la iglesia.

Por favor, perdóname.

Amén

Querido Señor:

Yo hice algo malo. Le dije una mentira a mi mamá. Me daba miedo que si le decía lo que hice en realidad, se enojara conmigo.

Ahora, sé que ella se enojará cuando descubra que le mentí. Siento mucho decir mentiras. Por favor, perdóname y, por favor, ayúdame a ser lo bastante valiente para decirle la verdad a mi mamá.

Amén

Querido Dios:

Las tormentas me dan miedo.

No me gustan los truenos ni los

relámpagos.

Mamá dice que no debo tener miedo

porque tú cuidarás de mí.

En cambio, yo tengo un poco de miedo

de todas maneras.

Por favor, ayúdame a confiar más en ti.

Amén

Querido Padre:

Le prometí a mi papá que limpiaría mi cuarto hoy. Cuando él llegó a la casa del trabajo y vio mi habitación desordenada, se puso muy triste porque yo no hice lo que dije que haría.

Por favor, perdóname por romper mi promesa y, por favor, ayuda a mi papá para que me perdone también.

Amén

«Adiós... fue divertido».

Querido Señor:

Hoy estaba jugando en la casa de mi amiga. Nos divertimos mucho jugando con las muñequitas que tiene ella. Me gustan de verdad. Es más, me gustan tanto que me llevé una para mi casa. Solo la metí en mi bolsillo y la traje para mi casa. Siento mucho que tomara algo que no me pertenece. Ayúdame a ser lo bastante valiente para devolvérsela a ella y ayúdame a nunca robar nada de nuevo.

Amén

Querido Dios:

¿Por qué me tengo que lavarme los dientes todos los días? Mi mamá me dice una y otra vez que me lave los dientes siempre y yo sigo diciendo que no.

Ella no está contenta conmigo y yo no estoy contenta con ella. Pienso que mi mamá sabe lo que es mejor para mí. Ayúdame a obedecerla sin discutir.

Amén

Querido Dios:

Acabamos de recibir nuevos vecinos.
Ellos tienen una niña más o menos de
mi edad.

Yo debería estar feliz por tener una
nueva amiga, pero ella no me cae bien.
Sé que eso no es bueno. Es probable
que ella extrañe a sus amigas del
lugar donde vivía. Ayúdame a ser
amable con ella. Ayúdame a ser su
amiga.

Amén

Querido Padre:

Hoy estoy enojada.

Yo no sé por qué.

Aun así, no me gusta estar
enojada.

Por favor, ayúdame a
ser amable.

Amén

Querido Dios:

Yo sigo cometiendo los mismos errores una y otra vez. Mamá dice que no me disguste, porque todavía estoy aprendiendo y creciendo.

Siento mucho que a veces aprenda con lentitud. Gracias por ser paciente conmigo.

Amén

¡No Entrar!
Tu hermana mayor

LÁPICES DE COLORES

GIGANTES

Querido Dios:

Yo no sé por qué lo hice. Entré a escondidas al cuarto de mi hermana y lo desordené todo. Le tiré libros al suelo y le saqué ropas de los cajones. Hice un desorden horrible. Ella estaba muy enojada. Fue algo muy malo. Por favor, perdóname y ayuda a mi hermana a que me perdone también.

Amén

Querido Dios:

Hice trampas. Estaba jugando un juego
con mi hermano y quería ganar, así
que hice trampas. ¡Él siempre gana y
yo solo quería ganar una vez!
Aun así, no es muy divertido ganar
de esa manera. Por favor, perdóname
y, por favor, ayúdame a no hacer eso
nunca más. No me gusta lo que se
siente.

Amén

Querido Dios:

Estoy celosa de mi amiga.

Ella tiene un nuevo perrito y yo quiero mucho tener uno.

Es difícil ser amable con ella cuando todo lo que habla es sobre su perrito. Por favor, ayúdame a dejar de ser celosa. Ayúdame a estar contenta por mi amiga.

Amén

Querido Dios:

A veces escucho a la gente decir tu nombre de una mala forma. Eso me da tristeza porque sé que no es bueno hacer algo así.

Por favor, ayúdame a recordar que tu nombre es especial porque tú eres especial. Ayúdame a demostrar que te amo al decir tu nombre de buenas maneras.

Amén

Querido Padre:

Algunas veces no quiero orar.
Me pregunto si tú en verdad
escuchas mis oraciones o te
interesas por lo que oro.
Por favor, ayúdame a confiar más
en ti y ayúdame a seguir orando
y creyendo que tú me escuchas.

Amén

Pide Ayuda

Querido Dios:

Mi abuelo está muy enfermo.
Tengo miedo de que no se ponga bien.
Yo amo mucho a mi abuelo. Él me deja
ayudarlo a pintar casitas de pájaros
y a trabajar en su jardín. Por favor,
¡cuida mucho a mi abuelo porque él es
especial de verdad!

Amén

Querido Padre:

Mi amiga se va a mudar lejos.

Ella está triste por dejar a sus amigas aquí.

La voy a extrañar muchísimo. Ayúdala a que haga amigas en su nueva ciudad. Ayúdala para que le guste mucho su nueva casa, pero no permitas que ella se olvide de mí.

Amén

Querido Dios:

Hubo una inundación muy mala
en otra parte del mundo.
Vi por la televisión que las personas
perdían sus casas. También murió
muchísima gente. Ya algunos niños no
tienen mamás ni papás y otros niños
murieron. Es muy triste. Ayuda a esas
personas, Dios. Cuídalas y ayúdalas a
saber que tú las amas.

Amén

Querido Padre:

Mi abuela tiene cáncer.
Ella está muy cansada y ya no
tiene ganas de jugar conmigo.
Extraño la forma en que era ella.
Ayuda a los médicos a saber qué
hacer para ayudarla a sentirse
mejor y a ponerse bien.
Yo amo a mi abuela.

Amén

Querido Dios:

Mi papá da largos viajes por
su trabajo.

Él monta en aviones y va muy lejos.

Por favor, mantenlo a salvo mientras
él está viajando.

¡Tráelo de regreso a casa bien pronto!

Amén

Querido Dios:

Yo no me siento bien.

Tengo la nariz tapada.

Tengo dolor de cabeza.

También me pica la garganta.

Me imagino que estoy enferma.

No me gusta estar enferma.

No es divertido.

Por favor, ayúdame para que pronto
me ponga bien.

Amén

Querido Padre:

Hoy tuve una gran pelea con mi amiga.

Ella me gritó y yo le grité.

Ahora no nos hablamos entre nosotras.

Por favor, ayúdanos a hacer las paces.

Yo la extraño.

No me gusta pelear con mi amiga.

Amén

Querido Señor:

A veces no soy muy buena en obedecer a mi mamá y mi papá. Cuando me piden que haga algo, refunfuño y en ocasiones hasta les contesto de mala forma.

Por favor, ayúdame a ser más obediente. Es muy difícil, porque alguien me está diciendo siempre lo que tengo que hacer. En realidad, necesito tu ayuda.

Amén

Querido Dios:

Mi hermano va a ir al hospital hoy
para hacerle una operación.
Por eso, él tiene un poco de miedo.
Por favor, cuídalo mucho.
Algunas veces peleo con él,
pero yo lo amo de verdad.
Ayúdalo a ser valiente y a
que pronto se ponga bien.

Amén

Querido Padre:

Esta noche está muy fría y con mucha nieve.

Hay algunas personas que no tienen casas calientes donde estar.

Por favor, cuídalas. Ayúdalas a encontrar algún lugar para estar en un sitio cálido y seco.

Amén

122

Querido Dios:

¿Por qué tiene que haber guerras?
En la televisión vi gente llorando
porque un ser querido estaba herido.
¿Por qué la gente no puede dejar de
pelear?
¿Por qué no pueden hablar acerca de
lo que los hace enojar tanto?
Por favor, ayuda a parar las guerras.

Amén

Querido Dios:

Quiero un perrito. Mi mamá dijo:
«Quizá». Por favor, ayúdala a que
lo piense muy bien.
Yo cuidaría muy bien a mi perrito.
Jugaría con él, lo llevaría a pasear,
le daría de comer y lo bañaría.
Por favor, ayúdala a que lo piense
muy bien.

Amén

Querido Padre:

No quiero hacerlo, pero a veces digo cosas malas. En especial, cuando me enojo con alguien.

Me siento mal cuando alguien me dice cosas malas. Yo no quiero hacer que otras personas se sientan mal.

Por favor, ayúdame a dejar de decir cosas que hieran los sentimientos de la gente.

Amén

Querido Dios:

Mi mamá está muy ocupada. Ella trabaja mucho y está muy cansada. A veces, ella está demasiado cansada para jugar conmigo o leerme una historia.

Por favor, cuida a mi mamá. Mantenla saludable y... ayúdala a tener tiempo para jugar conmigo algunas veces.

Amén

Querido Padre:

El papá de mi amiga se murió.
Ella está muy triste porque lo
extraña muchísimo. Yo quiero
ayudarla, pero no sé cómo hacerlo.
Por favor, ayúdala a saber que
no es malo sentirse triste. Y Dios,
por favor, cuida mucho de ella
y de su mamá.

Amén

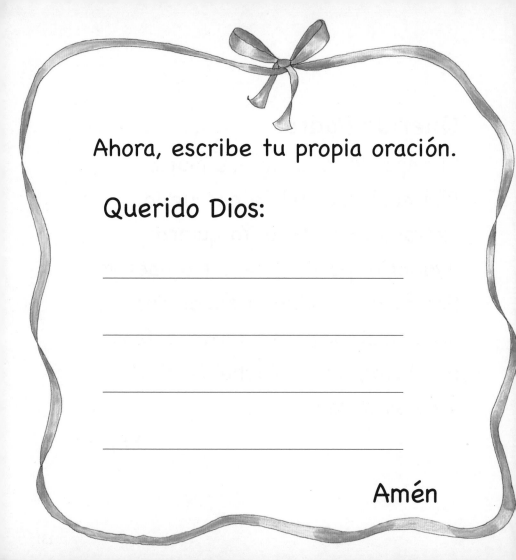

Ahora, escribe tu propia oración.

Querido Dios:

_____

_____

_____

_____

Amén